CE JOURNAL APPARTIENT À

Girafe

Bull

Cobra

Crocodile

Chevreuils

Vache

Chien

Eléphant

Fox

Ibis

Cheval

Chèvre

Iguana

Koala

Lion

llama

Singe

Souris

Autruche

Loutre

Porc

Rhinocéros

Sea_otter

Coq

Tortue

Ecureuil

Wolf

Turquie

Merci

THANK
YOU